Giuseppe Verdi
La Traviata

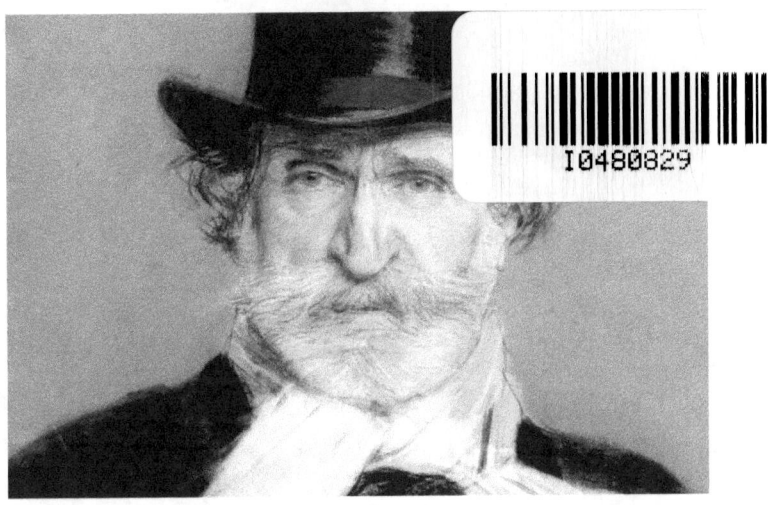

Verdi est un des compositeurs les plus emblématiques de l'opéra italien. Sa création s'étend sur une bonne partie du XIXe siècle. Il a laissé des oeuvres qui comptent parmi plus célèbres de tout le répertoire lyrique : *Nabucco, Rigoletto, Le Trouvère, Aida, Otello*... et bien entendu *La Traviata*.

Mais qui est Violetta et d'où vient-elle ? Partons sur les traces de la plus bouleversante des héroïnes d'opéra, et écoutons-la chanter !

Giuseppe Verdi

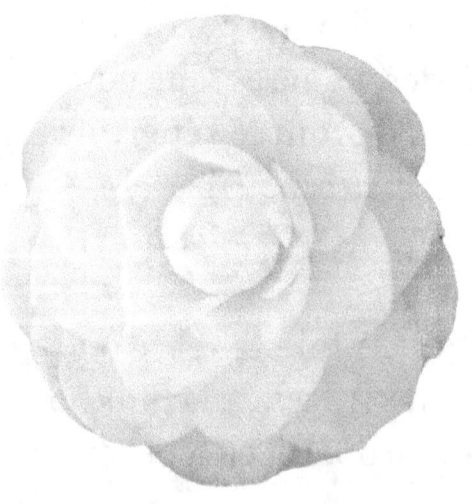

La Traviata

Verdi, en quelques mots, c'est avant tout :

— De sublimes mélodies héritées de la tradition italienne du *Bel canto*

— Un développement nouveau de la place de l'orchestre, aux couleurs de plus en plus riches, destiné à créer des ambiances variées, même si les voix gardent encore la place d'honneur.

— Un « businessman » qui cherche aussi à satisfaire les attentes de son public.

— Une grande attention portée aux choix des livrets, volontiers tirés de pièces de grands auteurs dramatiques. Verdi travaille en étroite collaboration avec ses librettistes.

— Des situations dramatiques fortes et uniques.

— Des personnages nouveaux, originaux, et psychologiquement complexes, souvent des isolés ou des parias. Il s'intéresse aux profondeurs de l'âme humaine, et ses personnages, placés dans des situations exceptionnelles, expriment des sentiments universels.

— Des exigences nouvelles vis à vis des chanteurs. Il réclame un engagement total, à la fois vocal et scénique.

— Un amour particulier pour la voix de baryton dont il apprécie la souplesse et l'étendue et à laquelle il confie ses plus beaux personnages : Nabucco, Rigoletto, Macbeth, Rodrigue, Simone Boccanegra. C'est la naissance du baryton verdien.

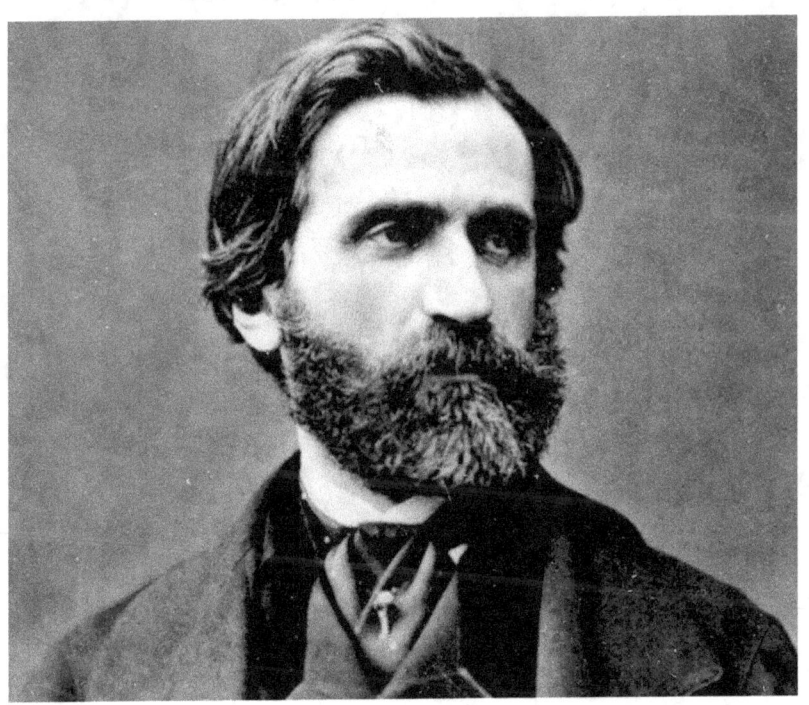

Verdi et le Risorgimento

Verdi était l'idole des patriotes italiens en plein mouvement de création de la nation italienne, cherchant à s'unifier, et s'opposant en cela à l'Empire Autrichien. Il était considéré par tous comme l'honneur de l'Italie. En 1859, le slogan VIVA VERDI a été utilisé comme acronyme pour « Vittore Emmanuelle Re d'Italia ».

Dans la première partie de son œuvre surtout, il a beaucoup utilisé le thème patriotique, ce qui, en plus de répondre à ses convictions, l'a rendu très populaire auprès du public italien. (On parle parfois des « opéras risorgimentistes)

Le grand chœur « Va pensiero » des esclaves hébreux (*Nabucco*, 1942) parlait aux Italiens sans patrie. *Attila* (1846) mettait en scène un Hun (Hongrois) envahissant le nord de l'Italie, *La bataille de Legnano* (1849) avait pour thème la guerre des Italiens lombards contre l'Empereur germanique Barberousse.

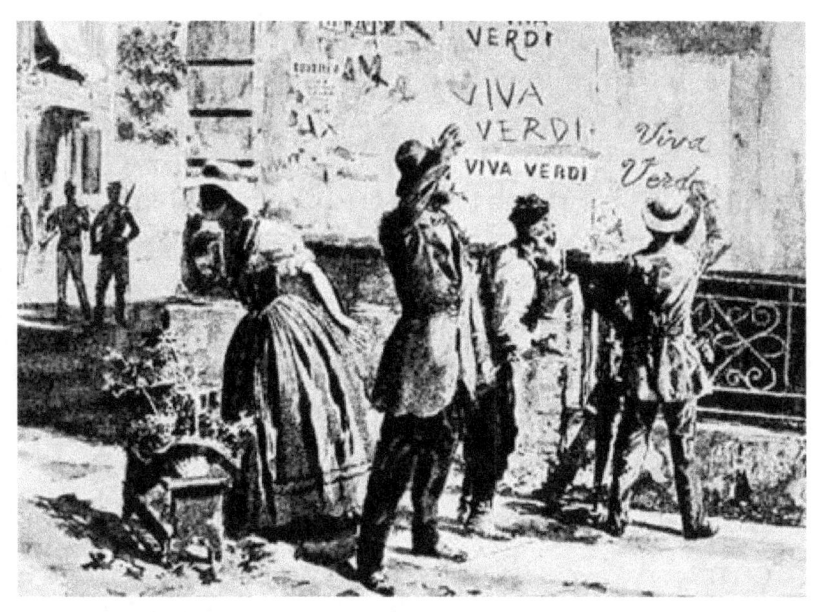

Après l'échec relatif des soulèvements de 1848, Verdi se tourne de plus en plus vers des œuvres plus intimistes. Il abandonne les grands mouvements de foules pour s'intéresser plus à la psychologie des personnages et aux drames individuels.

En 1861, Verdi est élu à la Chambre des Députés, sur la demande de son ami le premier ministre Cavour. Mais il démissionne en 1865 pour se consacrer uniquement à la musique.

Vie et oeuvre de Verdi (1813-1901)

Verdi est né en 1813 au Roncole, un village près de Bussetto, dans le nord de l'Italie, dans la région de Parme. Il est l'unique enfant d'une famille de petite bourgeoisie de campagne, tenant une ferme auberge. Rapidement, son maître d'école et organiste remarque son attrait pour la musique et lui donne ses premières leçons. A 12 ans, il est admis à l'école de musique de Bussetto, grâce à l'entremise d'un ami mélomane de son père, Antonio Barezzi dont il restera proche.

Il mène de front des études classiques et musicales, puis commence à donner des concerts de piano et compose sa première symphonie à l'âge de 15 ans.

A 20 ans, Verdi part à Milan pour continuer ses études grâce à une bourse. Refusé au conservatoire de Milan (qui porte désormais son nom), il prend des cours privés et va régulièrement au concert. Il adore bien entendu l'opéra (on joue alors Rossini, Donizetti, Bellini...), mais aussi

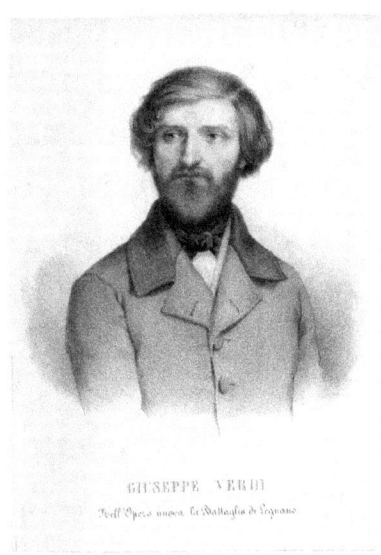

GIUSEPPE VERDI

Dell'Opera nuova, La Battaglia di Legnano

la musique des classiques autrichiens :
Haydn, Mozart.

En 1834, il dirige son premier concert
public : c'est l'oratorio *La Création* de
Joseph Haydn. Il baigne de plus en plus
dans le monde lyrique milanais... mais
il doit gagner sa vie pour épouser celle
qu'il aime, Virginia, la fille de Barezzi.
Il postule donc pour un poste de maître
de chapelle et professeur de musique à
Bussetto, très exigeant et très mal payé,
mais qui lui permet d'épouser Virginia en
1836. Le couple s'installera finalement
à Milan. Malheureusement, leurs deux

enfants ne vivent pas longtemps et elle meurt en 1840 à 26 ans d'une méningite foudroyante. Verdi est anéanti.

En 1839, il avait pourtant eu la chance de pouvoir produire son premier opéra pour la Scala de Milan, *Oberto*, qui avait obtenu un certain succès et lui avait valu de nouvelles commandes.

Mais en 1840, *Un Giorno di Regno*, sur un thème léger, composé au moment de la mort de sa femme, fait un flop. Désespéré, Verdi est décidé à renoncer à la composition, mais l'impresario (directeur) de la Scala le convainc de mettre en musique *Nabucco* pour l'ouverture de sa saison en mars 1842.

C'est un immense succès qui ouvre une période qu'il appellera ses « années de galère ». Il doit énormément composer pour gagner sa vie, parfois plusieurs opéras par an et donc d'une qualité variable même s'ils sont tous quasiment d'immenses succès. Beaucoup (mais pas tous) relèvent de la veine «risorgimentiste» et «héroïque», avec notamment de grands chœurs patriotiques appelant (de manière sous-entendue bien sûr) à l'unification de l'Italie et à la résistance contre l'Autriche-Hongrie. Verdi accède à la notoriété avec ces œuvres qui, même si la pâte est déjà très personnelle, s'inscrivent encore dans le style de ses prédécesseurs et suivent les structures de l'opéra romantique italien mises en place au début du siècle par Rossini et adoptées par Bellini et Donizetti. Parmi les opéras les plus célèbres de cette époque, on compte : *Les Lombards* (1843), *Ernani* (1844), *Attila* (1846) mais aussi *Macbeth* (1847), sa première incursion dans le monde de Shakespeare, qu'il adore, et une œuvre très novatrice au niveau musical.

En 1849, *Luisa Miller* d'après Schiller, œuvre de transition, marque la fin de ces "années de galère". Les personnages sont particulièrement fouillés psychologiquement et il y développe un thème cher à son coeur : celui des relations père-fille, qui sera aussi celui de *Rigoletto*.

En 1848, Verdi achète une maison près de Bussetto, la Villa Sant'Agata, où il vivra jusqu'à sa mort et exercera en parallèle de la composition, une activité de propriétaire terrien.

Au milieu des années 1840, Verdi rencontre également Giuseppina Strepponi, une soprano en fin de carrière qui chantait le rôle d'Abigaille dans Nabucco. Leur union libre fait scandale, surtout quand ils quittent Paris pour s'installer à Bussetto. Mais ils veulent être libres et ne se marieront qu'en 1859.

La "trilogie populaire"

Fin 1850, Bellini et Donizetti sont morts et Rossini est retraité depuis 18 ans. Il ne reste plus que Verdi pour faire rayonner l'opéra italien. En une très courte période, il va réaliser trois ouvrages fondamentaux qui vont révolutionner l'opéra italien. Ce sera que l'on appellera plus tard la «Trilogie populaire» : *Rigoletto, Le Trouvère* et *La Traviata*.

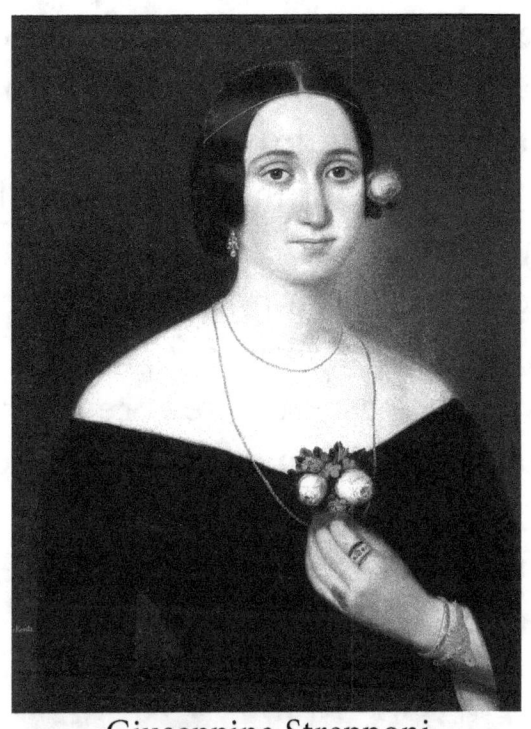
Giuseppina Strepponi

En 1851 a lieu la première à Venise de *Rigoletto*, d'après *Le Roi s'amuse* de Victor Hugo. C'est un grand succès malgré les difficultés faites par la censure. Il abandonne dans cette œuvre les structures traditionnelles héritées de l'opéra romantique italien, faisant le choix d'une succession de duos, et met en scène, comme personnage principal, un bouffon bossu, d'ailleurs un des plus beaux rôles de baryton de tout le répertoire.

Cet opéra est suivi de deux autres œuvres importantes : *Il Trovatore* à Rome en 1853, adieu flamboyant au bel canto romantique , vocalement redoutable pour les chanteurs, et *La Traviata*, premier opéra réalise contemporain du spectateur, à Venise la même année.

Les héros de ces trois œuvres sont trois marginaux, trois parias : Rigoletto le bossu, Azucena la gitane du *Trouvère*, traumatisée et névrotique, Violetta, la courtisane.

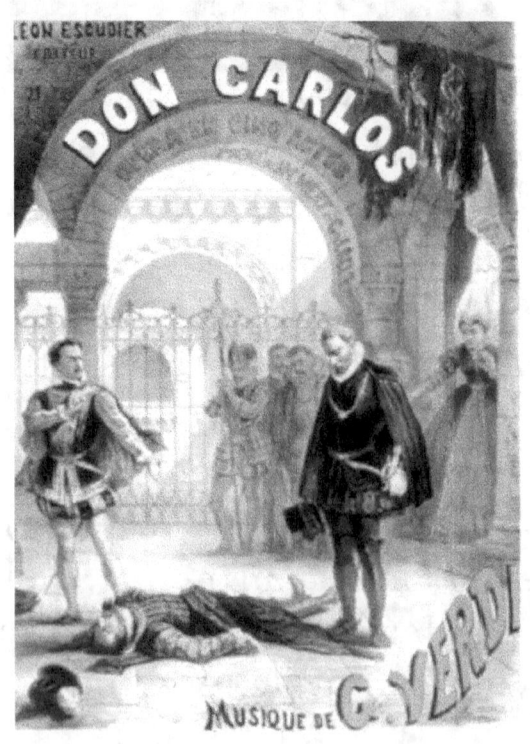

La renommée de Verdi est désormais internationale, et lui vaut des commandes à Paris, le « saint des saints » du monde lyrique européen. Après avoir d'abord adapté des œuvres en français, il compose spécifiquement pour l'Opéra de Paris *Les Vêpres siciliennes* (1855), dans le style grandiose exigé par cette maison. Même s'il est déçu et que le succès n'est pas vraiment à la hauteur de ses attentes, il se laissera finalement de nouveau tenter par « La grande boutique « où il fera jouer *Don Carlos* en 1867, immense et sublime opéra "à la française".

Mais d'autres chefs d'œuvres voient aussi le jour en Italie : le bouleversant *Simone Boccanegra*, à Venise en 1857, le charmant et élégant *Un Ballo in Maschera* en 1859 à Rome (qui donnera lieu à des émeutes politiques plus liées à la personnalité de l'auteur qu'au sujet). La cour des Tsars lui commandera le sombre drame espagnol *La Forza del Destino*, créé à Saint-Petersbourg en 1862.

Cette nouvelle période de composition culmine avec *Aida* (1871), commande du khédive d'Egypte Ibrahim Pacha qui veut faire entrer son pays dans la modernité occidentale tout en en glorifiant le passé. Verdi y concilie de manière sublime les deux aspects de l'opéra de l'époque : grandiose et intimisme.

Dans les années qui suivent, Verdi retravaille d'anciennes partitions et se replie aussi sur lui-même, un peu intimidé par le succès immense d'Aida... et troublé par des problèmes personnels. La mort du poète Manzoni lui inspire toutefois la composition en 1874 d'un superbe Requiem.

En 1883, le décès de Richard Wagner agit sur lui comme un catalyseur (ils sont nés la même année). Il réalise alors qu'il est un des derniers colosses lyriques de sa génération. Ses amis, mais aussi le compositeur et écrivain Arrigo Boito, le convainquent alors de reprendre la

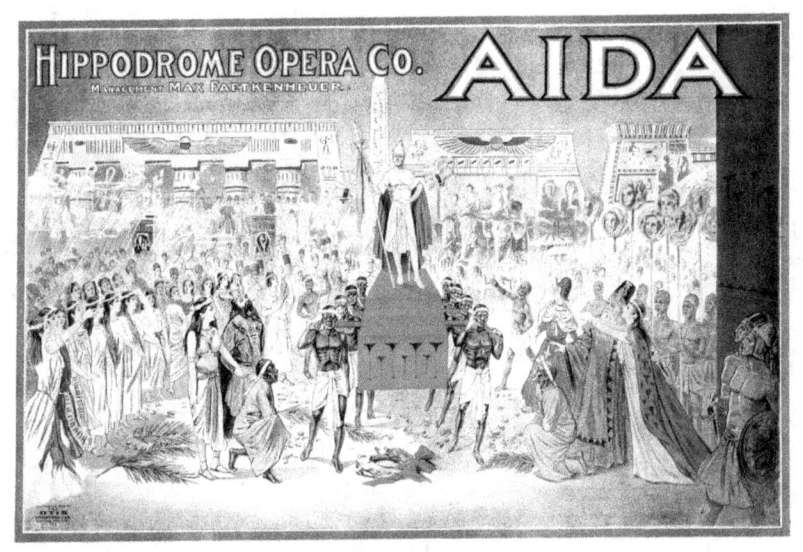

plume. Boito, qui l'a rejoint à Sant'Agatha, lui écrit un magnifique livret d'après une oeuvre de son auteur fétiche, Shakespeare. La pression est énorme : il n'a pas le droit à l'erreur.

En 1887, *Otello* est accueilli à la Scala avec un succès éclatant. C'est une œuvre d'un style musical très différent. Outre un rôle principal qui exige un ténor sombre de première force à la fois vocale et dramatique, il n'y a plus du tout dans cette œuvre de séparation entre des «numéros» : le continuum musical est total. Par son «parlé-chanté» souple, suivant les intonations du texte et les sentiments fluctuants des personnages, Verdi se rapproche à sa manière de l'idéal de Monteverdi à la naissance de l'opéra : la musique doit suivre les intonations de la parole parlée et est au service du poème dont elle doit amplifier les émotions.

C'est avec une autre œuvre de Shakespeare que Verdi termine sa carrière de compositeur : *Les Joyeuses Commères de Windsor*, qu'il nommera *Falstaff*. Cette œuvre surprenante, à l'orchestre extrêmement riche et où une oreille attentive peut retrouver des clins d'œil à l'ensemble de son œuvre, ce testament un peu ironique, déconcerte les Italiens lors de sa création à la Scala en 1893, mais le succès est à la hauteur de l'immense célébrité de son auteur.

Le 21 janvier 1901, Verdi, qui était encore très fringant pour les répétitions de Falstaff, est victime d'une attaque et meurt le 27 janvier 1901. Ses funérailles à Milan seront l'occasion du plus grand rassemblement public de toute l'histoire de l'Italie. L'orchestre et les chœurs venus de toute l'Italie (800 choristes) sont dirigées par le célèbre chef d'orchestre Arturo Toscanini et interprètent le chœur «*Va pensiero*» de *Nabucco* et le «*Miserere*» du *Trouvère*.

Il laisse à la postérité plusieurs des œuvres les plus grandioses de tout le répertoire lyrique et restera dans le cœur des Italiens comme leur plus grand compositeur... avec Giacomo Puccini, qui prendra symboliquement la relève dans les années 1890 et s'imposera lui-aussi comme un des plus grands compositeurs populaires italiens, mais dans un autre style.

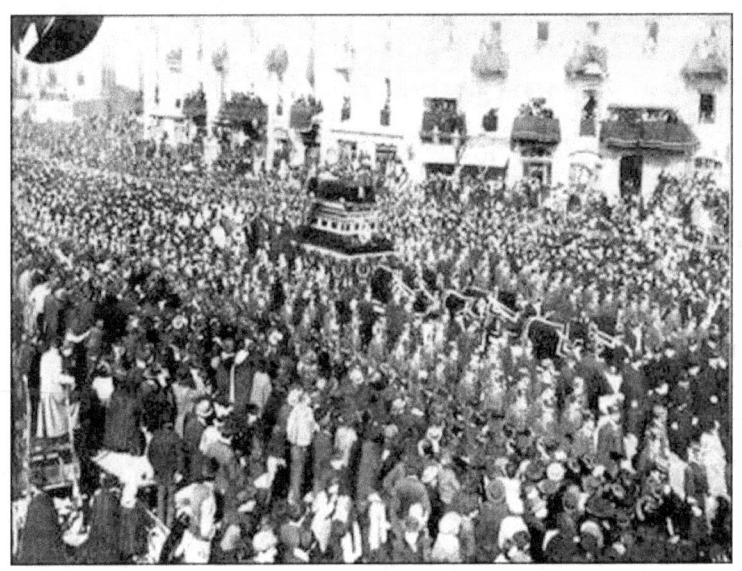

Opéras de Verdi

1813 : Naissance de Verdi

1839 : *Oberto,* premier opéra de Verdi
1842 : *Nabucco*
1843 : *I Lombardi*
1844 : *Ernani, I Due Foscari*
1845 : *Giovanna d'Arco - Alzira*
1846 : *Attila*
1847 : *Macbeth - Jerusalem* (ad. des *Lombards)* à Paris
1849 : *Luisa Miller - La Battaglia di Legnano*
1850 : *Stiffelio*
1851 : *Rigoletto*
1853 : *Le Trouvère, La Traviata*
1855 : *Les Vêpres siciliennes* à Paris
1857 : *Simon Boccanegra* (v1)
1858 : *Un Ballo in maschera*
1861 : Verdi est député dans le premier parlement italien
1862 : *La Forza del Destino*

1867 : *Don Carlos* à Paris
1871 : *Aida* au Caire puis à la Scala en 1872

1874 : Requiem de Verdi
Macbeth (v2)

1881 : *Simone Boccanegra* (v2)
1884 : *Don Carlo* (v. italienne)

1889 : *Otello*
1893 : *Falstaff*
1898 : *Quatro pezzi sacri*

De par le monde lyrique...

1813 : Naissance de Wagner
1827 : Mort de Beethoven
1831 : *Norma* de Bellini
1835 : Mort de Bellini
Lucia di Lammermoor de Donizetti
1843 : *Don Pasquale* de Donizetti
Le Hollandais volant de Wagner
1845 : *Tannhaüser* de Wagner
1846 : *La Damnation de Faust* de Berlioz
1848 : "Printemps des Peuples" - Mort de Donizetti
1849 : *Le Prophète* de Meyerbeer
1850 : *Lohengrin* de Wagner à Weimar

1858 : *Orphée aux Enfers* d'Offenbach
1859 : *Faust* de Gounod
1863 : *Les Troyens à Carthage* de Berlioz
1865 : *Tristan und Isolde* de Wagner à Munich
1866 : *La Vie parisienne* d'Offenbach
1868 : *Hamlet* d'Ambroise Thomas
1872 : *Boris Godounov* de Moussorgsky (composition)
1874 : *La Chauve-Souris* de J. Strauss II à Vienne
1875 : *Carmen* de Bizet
1876 : Premier festival de Bayreuth, création de la Tétralogie

1879 : *Eugène Onéguine* de Tchaikovski
1881 : *Les Contes d'Hoffmann* d'Offenbach
1882 : *Parsifal* de Wagner
1883 : Mort de Wagner - *Lakmé* de Delibes
1892 : *Werther* de Massenet, *Pagliacci* de Leoncavallo
1893 : *Manon Lescaut* de Puccini
1896 : *La Bohème* de Puccini

Aux origines de
La Traviata

Nous allons maintenant nous plonger dans une œuvre qui compte parmi les plus célèbres de notre compositeur. Avant d'en venir aux circonstances de création de l'opéra et aux raisons qui ont motivé le choix de Verdi, tentons de comprendre de manière plus approfondie qui est réellement cette si célèbre «dévoyée», puisque c'est la tradition exacte du titre italien.

Le livret de *La Traviata* est tiré de la pièce d'Alexandre Dumas fils, elle-même adaptée de son roman « *La Dame au Camélia* », inspiré par sa rencontre avec une des plus célèbres courtisanes de son temps :
Marie Duplessis.

On dit que le fils du pétulant Alexandre Dumas tomba un jour éperdument amoureux d'une des plus célèbres courtisanes de l'époque, mais ne comprit pas qu'il ne pouvait la garder pour lui-même ! Finalement, il devait lui offrir un mausolée digne de ce nom et l'immortalité, en lui consacrant un roman paru un an à peine après sa mort et qui allait devenir un des plus grands "bestsellers" de l'époque... même si c'est sans doute l'oeuvre de Verdi qui gagnera définitivement la bataille de la postérité.

Mais qui était cette courtisane, cette «femme galante» ? Certainement pas une «prostituée», non, car celles-là, on ne les traitait pas avec le respect et le ménagement que l'on accordait aux «demi-mondaines», même si, elles aussi, accordaient leurs faveurs moyennant finances ! Mais il fallait plus que quelques pièces d'or : être capable de les obtenir et de les entretenir devenait presque un titre de gloire dans la haute société.

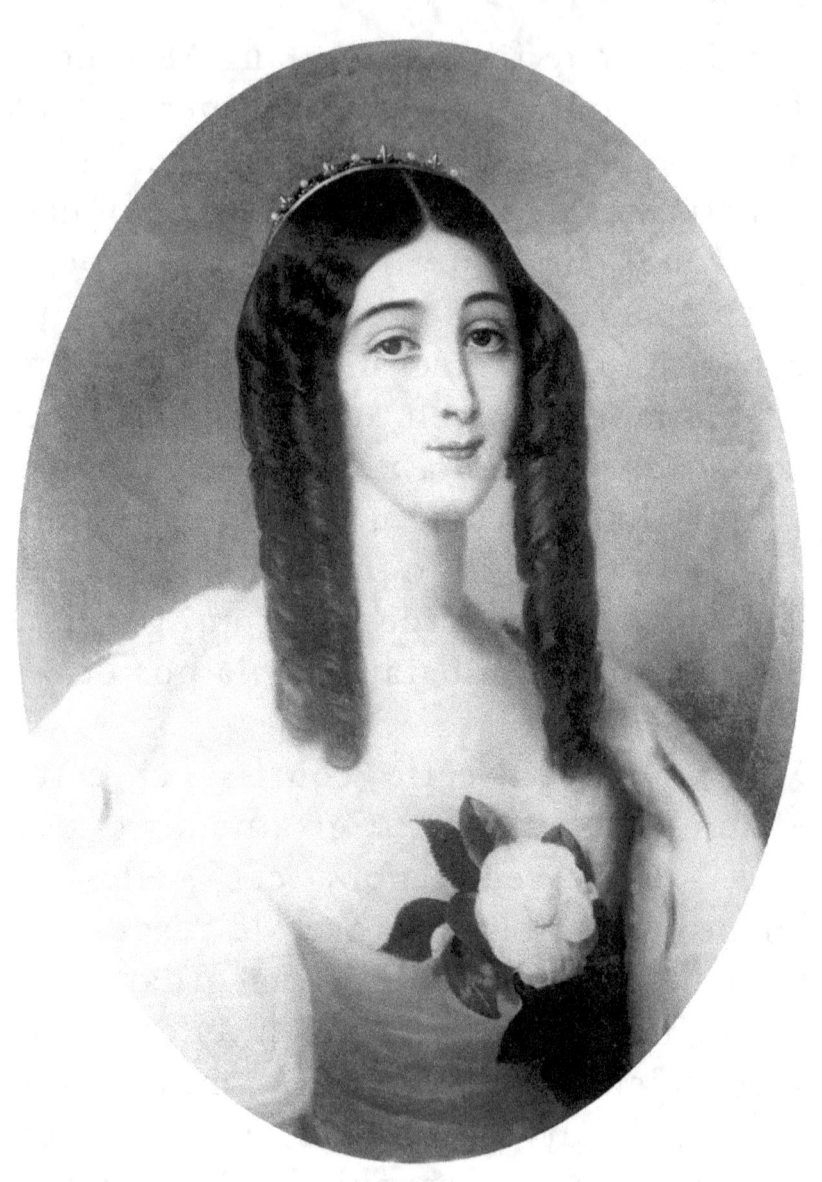

« On sait que je dépense les yeux fermés tout ce que j'ai, même ma vie, et même tout ce que j'ai pas, c'est-à-dire l'avenir ».

Marie Duplessis (1824-1847)

La belle Marie Duplessis mourut de phtisie à seulement 23 ans, mais elle avait eu le temps d'éblouir son époque par son charme, sa beauté... et sa sensualité.

Elle fut immensément aimée, louée et méprisée. Elle suscita l'admiration de tant d'hommes, certains parmi les plus célèbres de l'époque.

Le journaliste Jules Janin décrit son visage : *«Un des plus beaux de la création parisienne, un de ces teints mats pleins de soleil et d'ombre... le regard ingénu... La démarche hardie et décente d'une femme du plus grand monde... son maintien répondait à son langage, sa pensée à son sourire ».*

« C'était bien l'incarnation la plus absolue de la femme qui ait jamais existé... Elle avait beaucoup de cœur et un entrain tout à fait idéal », dira Frans Liszt lui-même, son dernier amant, son dernier amour.

La belle Alphonsine, devenue Marie Duplessis, a eu une de ces enfances épouvantables qui, à notre époque, fait froid dans le dos : Son père colporteur de son état, était un ivrogne brutal. Il avait séduit une jeune fille, douce, belle et élégante, avant de la battre tous les jours, elle et leur fille. Il est finalement mort d'une crise de delirium tremens, mais a eu auparavant le temps de « louer » sa fille de 11 ans à de vieux libertins, puis de l'abandonner à Paris.

Restée seule à environ 13 ans, elle trouve un emploi de corsetière et arrondit ses fins de mois dans les lits des passants. Mais il a en elle une énergie, un désir de vivre et de sortir de sa misère. Son premier amant officiel est finalement un honnête restaurateur qui lui fournit son premier appartement. Puis, à la sortie d'un bal, Agénor de Guiche, un beau dandy, gentil et intelligent, la remarque et la prend sous son aile. Elle a seize ans et tombe amoureuse de ce Pygmalion qui lui fait une vie dorée. Il lui fait donner des cours de danse, de maintien, lui apprend à lire, à écrire, à jouer du piano, tout ce qu'il faut pour devenir une femme du monde. Il lui présente également ses amis qui se battent finalement pour l'entretenir. Elle prend le camélia pour emblème, cette fleur éphémère, sans odeur et à l'époque très coûteuse...

A 18 ans, elle rencontre Edouard de Perrégaux. Il se ruine pour elle, et fait avec elles de longs voyages romantiques en amoureux.

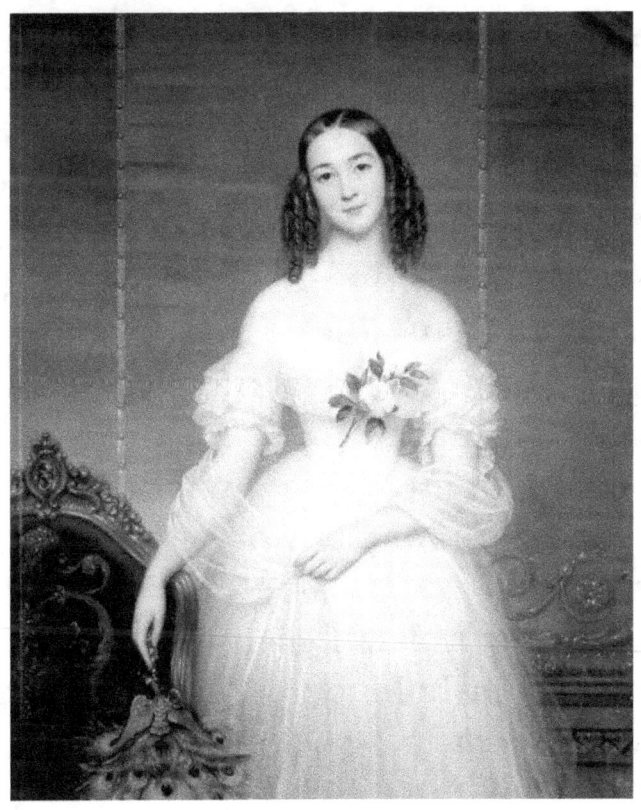

C'est ensuite un octogénaire russe, le Comte de Stackelberg, qui lui assure un superbe train de vie. A 20 ans, elle est devenue une des reines de Paris et court chaque soir au théâtre. Son salon ne désemplit pas et ses amants s'y croisent, dont Alexandre Dumas fils. Il ne sera pour elle qu'une passade, un furtif baiser dans une loge de théâtre.

Mais elle sait qu'elle est malade, une toux sèche et fébrile ne la quitte pas depuis longtemps, une maladie qui lui donne des airs mélancoliques, une maigreur et une pâleur qui fascinent ses admirateurs. Un an avant sa mort, le Comte Edouard de Perrégaux lui donnera son nom et à terme une sépulture à perpétué en guise d'ultime cadeau. Mais elle voudra encore une fois conserver sa liberté. Elle aura un ultime amant, Franz Liszt, avant que tous s'éloignent de la malade. Elle fait une dernière apparition, spectrale, en janvier 1847 au théâtre du Palais Royal, avant de rentrer définitivement chez elle Boulevard de la Madeleine, où elle meurt, pendant le Carnaval.

Sa mort est un petit évènement parisien. Tous ses biens sont achetés, des fétichistes s'arrachent ses mèches de cheveux.

Le roman d'Alexandre Dumas fils paraîtra l'année suivante en 1848, mais ce n'est déjà plus la même Marie Duplessis : elle est désormais Marguerite Gauthier, avant de devenir Violetta Valéry.

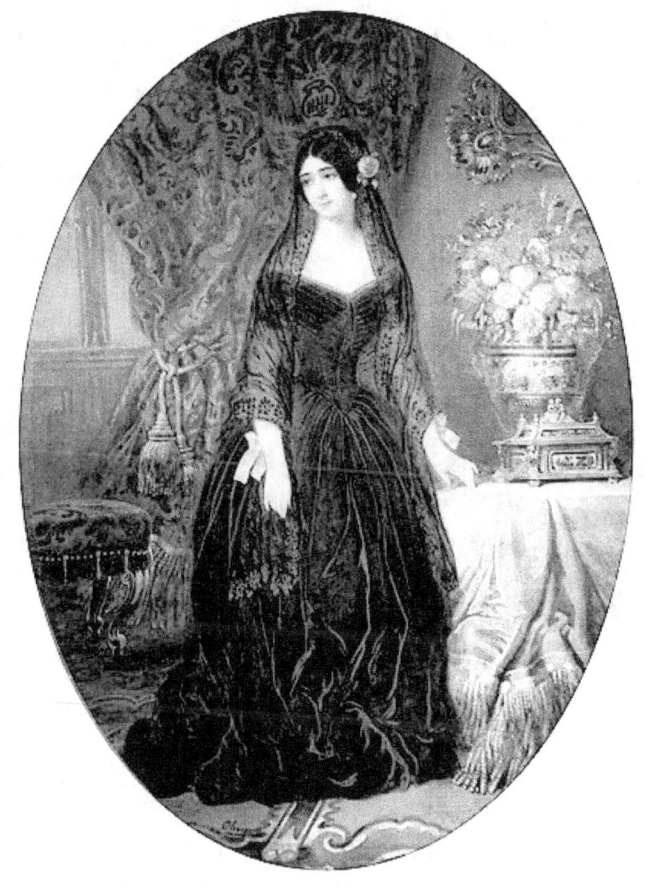

La Dame aux Camélias
Alexandre Dumas fils (1848)

Marguerite Gauthier, même si elle emprunte des traits à la femme réelle, est une personnalité unique, et très précisément dessinée. Physiquement, elle frappe par son charme ensorcelant, son extrême maigreur, mais aussi sa volupté et sa sensualité affirmées : «*ces désirs ardents qui sont presque toujours le résultat des affections de poitrine*».

Elle éprouve la soif de plaisirs de ceux qui savent qu'ils vont mourir jeunes. Elle vit une existence de courtisane de haute volée, coûteuse pour ses amants. Il lui en faut d'ailleurs plusieurs en même temps. Mais rien dans son apparence ne révèle la courtisane.

« ***On reconnaissait en elle la vierge qu'un rien avait fait courtisane, et la courtisane dont un rien eût fait la vierge la plus amoureuse et la plus pure*** ».

Elle est fière et indépendante. Elle fredonne au piano des chansons libertines et jure, mais son visage est émouvant et noble. Elle ne se fait pas d'illusion sur elle-même et sur la réalité sordide de la vie :

« *On use peu à peu son cœur, son corps, sa beauté. On est méprisé comme un paria et on s'en va un beau jour crever comme un chien après avoir perdu les autres et s'être perdu soi-même* ».

Elle est frustrée de vraie tendresse et profondément seule. L'amour d'Armand, sincère, a une vertu rafraîchissante pour elle. Il demande un amour qui n'est pas celui de la courtisane : un amour fidèle. Elle est gagnée par l'idée d'une vie nouvelle. Les obstacles qui se lèvent alors sont d'ordre à la fois psychologiques, sociaux et économiques.

Problèmes économiques déjà : elle le trompe rapidement, expliquant qu'elle a besoin d'argent, et qu'elle a eu la délicatesse de ne pas lui en demander. Armand est en effet sans fortune en comparaison. Il ne peut lui garantir le train de vie qu'elle leur assure à tous les deux (c'est un de ses amants qui lui a loué la maison à Bougival où ils vivent ensemble.) Et puis, surtout, elle veut vivre libre, et conserver son indépendance financière. Mais elle doit bientôt vendre tout ce qu'elle possède pour pouvoir vivre avec lui, ce

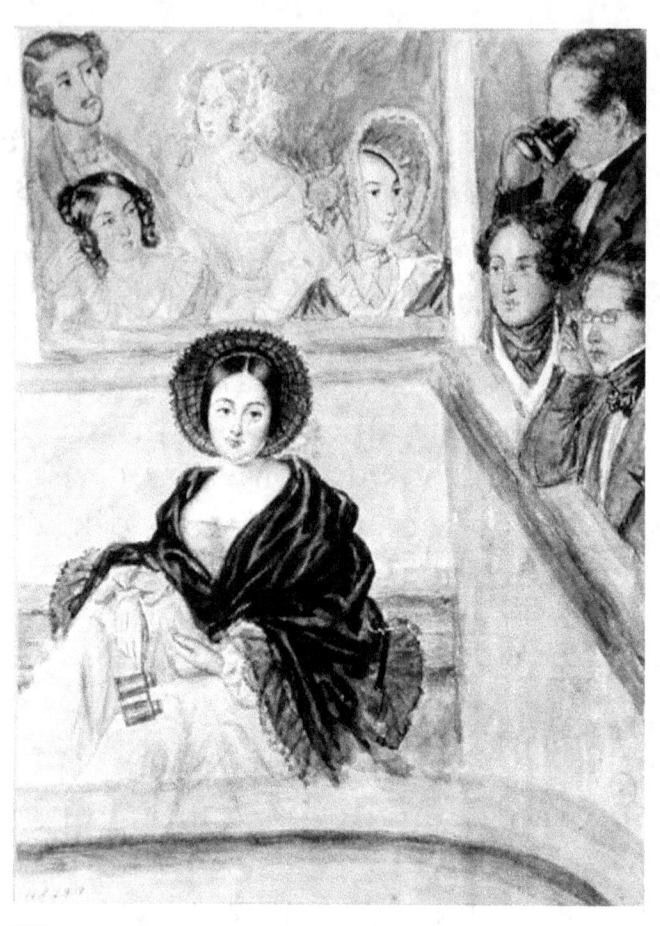

qui l'humilie encore plus. Il est très mal
à l'aise, et envisage de lui verser la rente
qu'il reçoit de sa mère décédée.

Le père intervient alors, précisément au
moment où la rente familiale est menacée.
Il annonce que le mariage de sa fille ne
pourra se faire si son fils continue à
vivre une vie de désordre. C'est ce qu'il
explique à Marguerite... et elle cède.

On a toujours du mal à comprendre la soumission sans combat de Marguerite. Roland Barthes nous explique cela de manière intéressante : selon lui, le mythe central de l'œuvre, ce n'est pas l'amour mais la reconnaissance.

L'amour et le respect d'Armand rendaient déjà à Marguerite sa dignité aux yeux du monde, et aux siens propres. La demande du père de «s'effacer» lui donne l'occasion d'être reconnue par une société qui méprise les courtisanes. Son sacrifice sera autant une joie qu'une torture:

« *L'estime de ce vieillard loyal que j'allais conquérir, la vôtre que j'étais sûre d'avoir plus tard... tout cela me relevait à mes propres yeux.* ».

Et elle reprend sa vie de courtisane, mais sous la forme d'un sacrifice qui lui permet de capter l'estime du monde bourgeois.

Alors qu'elle renaissait, vivait enfin une vie de jeune fille à Bougival, Marguerite mourra finalement des blessures du cœur et de la tuberculose, totalement seule et abandonnée de tous. Sa dernière lettre à Armand le laissera bourré de remords.

Du roman à l'opéra

Suite à l'accueil triomphal fait à son roman, Alexandre Dumas fils pense à en faire une pièce. Le succès est immense et fait finalement connaître *La Dame aux Camélias* dans le monde entier. Evidemment, la bonne société avait déjà froncé les sourcils devant cette femme libre et un peu dominatrice et, surtout ce reflet d'elle-même, le père Duval, responsable de la rechute de Marguerite.

Aussi dans la pièce, Marguerite a-t-elle moins d'amants. On reste plus flou quant à son train de vie. Effet dramatique oblige, le sacrifice et la mort de Marguerite sont rendus visibles sur scène, et donc placés au cœur du drame. D'un autre côté, Marguerite ne meurt plus seule et l'amant est pardonné, ce qui le libère du sentiment de culpabilité qu'il ressentait à la fin du roman.

Les Marguerite du roman et de la pièce sont donc différentes. Mais l'héroïne de Verdi est encore plus idéalisée : son origine sociale reste floue. C'est uniquement une femme qui aime le monde et ses plaisirs. C'est bien une «dévoyée», mais rien ne nous permet d'affirmer qu'elle se fasse payer, qu'elle soit vénale. Elle est très bien élevée, élégante et digne (plus de gros mots comme les proférait encore Marguerite). Seuls les sentiments règnent en maîtres. Elle devient la plus touchante des victimes, qui ne rêvait que d'amour pur et de noblesse morale. Contrairement à Marguerite, Violetta n'a plus aucune velléité de rébellion et admet elle-même son indignité.

Par ailleurs, l'opéra fait réapparaître le père, Germont à la soirée de Flora et à la fin. Cela lui permet de mesurer les conséquences de ce qu'il fait subir à Violetta.

Le thème de la courtisane réhabilité par l'amour et la mort est un thème chéri du romantisme. Pensons à *Marion Delorme* de Hugo (1831), Mimi et Musette de *La Bohème* de Murger (1849), mais à *Splendeurs et Misères des courtisanes* (1847) de Balzac surtout. Son héroïne est également sensuelle, éprouve la nostalgie d'une vie respectable et bourgeoise, et conserve comme Violetta d'extraordinaires capacités d'attachement et de dévouement. Elle s'empoisonnera de désespoir d'avoir de nouveau cédé à la luxure.

Viendra ensuite la *Nana* de Zola (1879), mais contrairement aux autres autres, Zola ne trouve à la courtisane ni esprit ni délicatesse. C'est un être grossier, une femme pourrie issue d'un monde lui-même pourri : le Second Empire selon Zola n'est qu'un immense lupanar.

Ce seront finalement Dumas fils, Balzac et Zola qui auront contribué à forger le mythe de la courtisane du dix-neuvième siècle : un être envoûtant, paré des attraits du péché, mais également un être aliéné et dangereux pour l'homme et la société, quelles que soient ses vertus et ses misères. Même Dumas semble trouver méritée l'expiation que doit subir Marguerite...

Fondamentalement, aucun auteur n'aura donc réhabilité ces éternelles « dévoyées», sauf Giuseppe Verdi.

Verdi et La Traviata

La Traviata est une œuvre de rupture dans l'histoire de l'art lyrique au dix-neuvième siècle. C'est une des premières fois où la société voit réduite au minimum la distance qui la sépare de son propre reflet.

Cette période marque un tournant dans l'art verdien qui devient plus réaliste et intimiste. Pour être précis, on trouve des exemples de cette veine bien avant (dans *I due Foscari* en 1844 par exemple). Verdi a toujours été assez éclectique quant au choix de ses sujets. Mais on note toutefois un changement d'orientation à partir de *Luisa Miller* (1849). Les sujets se font clairement moins patriotiques et guerriers.

Par aileurs, sa liaison avec Giuseppina Strepponi devient stable, une relation qui ne va pas sans poser problème avec son entourage familial. Dans ses œuvres, la question des rapports entre amour et société se pose donc de manière plus

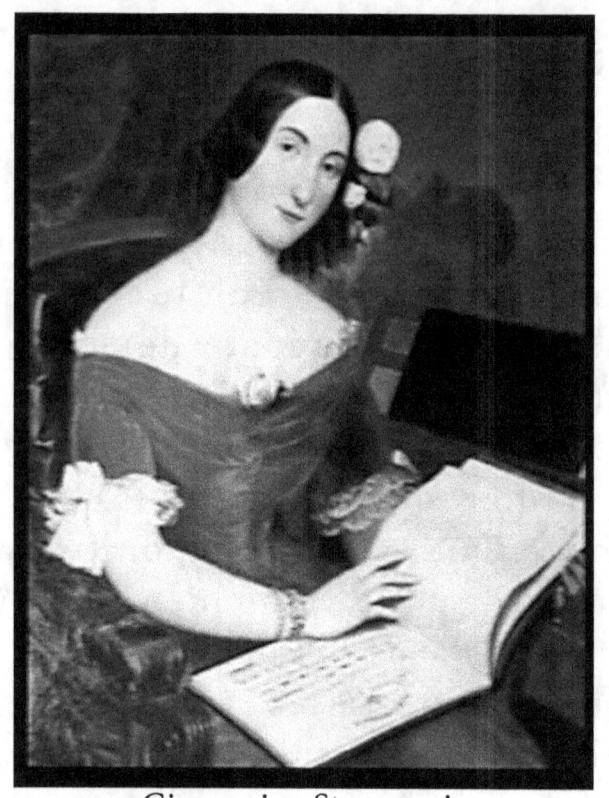
Giuseppina Strepponi

personnelle qu'auparavant. Les amants
Verdi et Giuseppina vivent à Busseto,
c'est-à-dire, une bourgade. Giuseppina,
«théâtreuse» (presque synonyme de
prostituée à l'époque) ayant eu en plus
des enfants hors mariage, y est désignée
comme une « femme de mauvaise vie ».
Quand elle se déplace seule dans les rues,
elle est l'objet de quolibets et d'insultes,
elle reçoit crachats, seaux d'eau et jets

« *Vous vivez dans un pays où les gens ont la mauvaise habitude de se mêler souvent des affaires d'autrui et de désapprouver tout ce qui n'est pas conforme à leurs idées* » (...) « *Je n'ai rien à cacher, cette femme habite chez moi. Elle est libre, indépendante, elle aime comme moi une vie solitaire qui la mette à l'abri de toute obligation. Ni moi ni elle ne devons de compte de nos actions à qui que ce soit. D'autre part, qui sait quels sont nos rapports ? Nos affaires ? Nos liens? Les droits que j'ai sur elle, ceux qu'elle a sur moi ? Qui sait si elle est ou non ma femme ? Et dans ce cas, qui sait quels sont les motifs, les opinions qui nous empêchent de rendre ce lien public ? Qui sait si nous agissons bien ou mal ? Et pourquoi cela ne serait-il pas bien ? Et même si c'était un mal, qui a le droit de nous jeter l'anathème? (...) Je réclame ma liberté d'action, car tous les hommes y ont droit et car ma nature se rebelle à l'idée d'agir autrement.* »

Giuseppe Verdi à Antonio Barezzi,
21 janvier 1852

de pierre. La famille de Verdi rejoint les moralisateurs, ce qui créera une grosse brouille, s'accentuant avec la mort de la mère du compositeur. Son ex beau-père Antonio Barezzi lui adresse alors des remontrances, à laquelle Verdi répond dans une lettre bien sentie. Ce sera une étape essentielle dans la gestation de La Traviata.

En 1847, Verdi découvre également Paris, une ville où il fera ensuite de nombreux séjours. Il s'y attache tout en gardant une certaine méfiance vis à vis de de la vie parisienne, son clinquant, sa frivolité. En 1866, Giuseppina affirme d'ailleurs vouloir quitter la capitale « *où la vie n'est qu'une fièvre violente, rapide, harassante, qui conduit au tombeau* ».

Le couple a l'occasion de voir à Paris la pièce de Dumas, créée le 2 février 1852 au théâtre du Vaudeville et reçoit un coup de cœur pour l'héroïne.

Verdi y retrouve un des axes de sa dramaturgie : le sacrifice par une femme de son amour à une cause : Violetta expie une faute dont elle pensait pourtant être lavée par son amour. Mais seule la mort la réintègre dans un monde dont son métier l'avait exclue.

Il y a par ailleurs des analogies profondes avec le *Rigoletto* qu'il vient de créer : une scission entre « personnage extérieur » et « personnage intérieur », une opposition entre l'apparence sociale, futile, et l'être intime, qui rêve d'une vie sage, amoureuse et paisible.

Verdi est également attiré par la modernité du sujet : une grande ville moderne, un salon bourgeois, une maison de campagne. Plus de villages alpins ou de châteaux gothiques : la pièce décrit une réalité contemporaine.

Il rentre à Busseto en mars 1852 et le 4 mai 1852, signe un contrat pour un nouvel opéra à la Fenice de Venise. Il pense alors immédiatement à Marguerite Gauthier et demande à Francesco Maria Piave, d'établir le plan d'un livret d'après la pièce de Dumas.

Piave obtempère, respectant globalement l'intrigue tout en la resserrant, comme il se doit pour une pièce mise en musique.

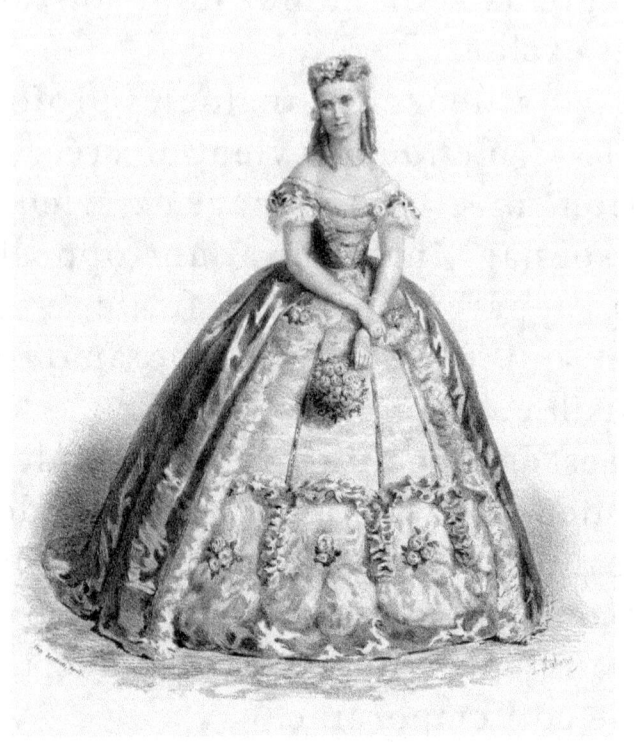

Mᴵˡˡ CHRISTINE NILSSON
Rôle de Violetta (La Traviata)

Verdi travaille avec enthousiasme, tout en songeant avec angoisse à la cantatrice qui pourra devenir sa Violetta. Il veut « *una donna di prima forza* », « belle, émouvante, qui se tient bien sur scène ». Mais toutes les grandes cantatrices sont prises, et il doit à regret accepter une cantatrice de second ordre, *prima donna* de La Fenice pour la saison. La salle exige également que le drame soit représenté en costumes du début du XVIIIe siècle, au grand dam de Verdi.

Le 21 février 1853, Verdi arrive à Venise avec une partition inachevée, qu'il finit en quelques jours. Il aimait à «ruminer» longuement les œuvres pour ensuite composer « d'un jet » et ainsi assurer une unité à l'oeuvre. Il laisse comme toujours Giuseppina seule à Sant'Agata. Elle doute d'ailleurs de la fidélité de mon amant...

Verdi dirige les répétitions avec inquiétude, sans cacher ses réserves concernant notamment la prima donna. Comme il le craignait un peu, les chanteurs sont insuffisants et la création du 6 mars 1853 est un fiasco. Le public est déçu «et pire, on a ri». La bonne santé évidente de la cantatrice a en particulier suscité chez le public plus de rire que d'émotion lors de la mort de la phtisique au dernier acte.

Mais, contrairement à ce qui a pu être dit, ce n'est pas non plus un échec complet. La presse s'est montrée globalement favorable à l'œuvre et la critique en a reconnu les mérites. Mais le triomphe ne sera incontestable que lors de la première reprise, un an plus tard, le 6 mai 1854 : les trois interprètes étaient remarquables... C'est toujours, finalement, ce qui fait le succès d'un opéra.

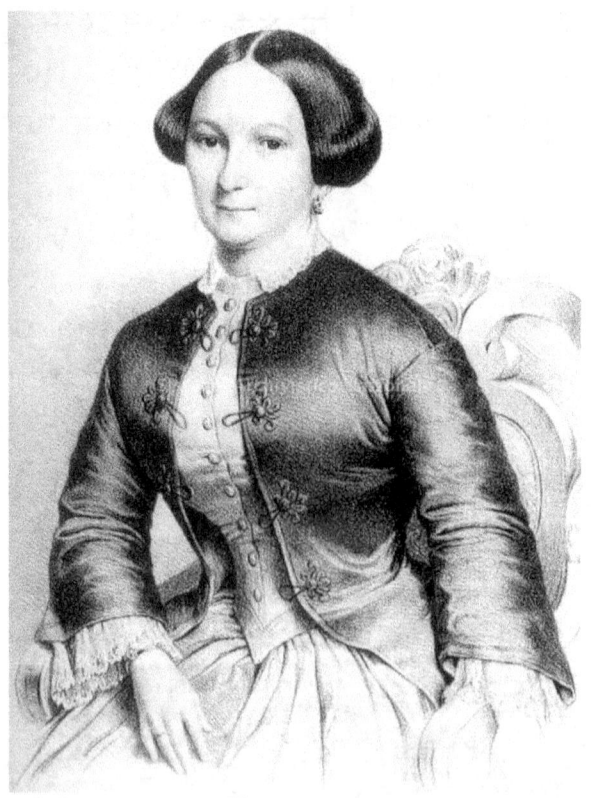

Fanny Savini-Donatelli, créatrice du rôle de Violetta

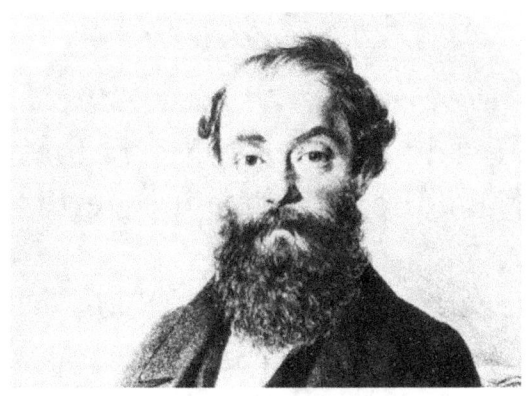

Francesco Maria Piave (1820-1876)

Le librettiste de la Traviata est un des collaborateurs favoris de Verdi et un de ses bons amis. Fils d'un notable de Murano, il fait des études au séminaire puis fréquente les milieux littéraires. En 1838, il devient secrétaire de rédaction chez un éditeur à Venise et travaille égaelment comme libretiste pour de nombreux compositeurs, dont Verdi. Comme Giuseppe Verdi, Piave était en outre un ardent patriote de l'Unité italienne.

Il a écrit les livrets de neufs opéras de Verdi et est mort avant de pouvoir réaliser celui d'*Aida*. *Ernani (1844), I due Foscari (1844), Macbeth (1847), Il corsaro (1848), Stiffelio (1850), Rigoletto (1851), La Traviata (1853), Simon Boccanegra (1857), Aroldo (1857), La Forza del destino (1862)*.

La Traviata
Opéra en trois actes
Livret de Francesco Maria Piave
Musique de Giuseppe Verdi

L'action se situe à Paris vers 1850.
Le permier acte a lieu en août, le second en
janvier, le troisième en février

Violetta Valéry, soprano
Il est très difficile de trouver la voix idéale
pour notre courtisane : elle doit être capable
de faire preuve de virtuosité à l'acte I, mais
aussi de fragilité et d'humanité à l'acte II. Ses
capacités dramatiques de tragédienne doivent
nous faire couler des larmes à l'acte III.
Cela a fait dire qu'il fallait en fait trois
sopranos pour le rôle : un soprano léger à
l'acte I, un lyrique à l'acte II, un dramatique
à l'acte III. En fait ce rôle exige ce que l'on
appelait à l'époque un «soprano dramatique
d'agilité», une voix très riche, profonde,
capable de varier infiniment les couleurs et
en même temps une virtuose, doublée bien
sûr d'une actrice exceptionnelle.

Alfredo Germont, ténor lyrique

Jeune bourgeois de province «monté » à Paris pour découvrir le monde, il tombe fou amoureux de Violetta. Il faut à Alfredo une voix de jeune homme, souple, délicate, fraiche, sincère mais avec ce brin de passion, de sensualité susceptibles de séduire la jeune fille que reste Violetta.

Georgio Germont, baryton

C'est le père d'Alfredo. Bon bourgeois de province, de Provence même très précisément, il ne supporte pas que son fils ait ainsi été perverti par la capitale et se compromette de la sorte en s'affichant avec une femme de mauvaise vie. C'est un « baryton verdien » typique, bien chantant, (ne doit-il pas aussi « convaincre » Violettta?) aux aigus faciles et à la voix aussi mature que son statut de père de famille respectable l'exige. Il doit avoir l'air sûr de lui-même et de son bon droit...

Annina : servante de Violetta
Flora : amie de Violetta
Le Baron Douphol : un amant de Violetta

Le Prélude

L'opéra ne débute pas une grande ouverture, mais par un court prélude écrit «en miroir». C'est une sorte de « flashback ». Il débute par le thème de la mort que l'on entendra à l'acte III, puis enchaîne sur celui de l'amour, exposé par Alfredo à l'acte I et s'achève par l'annonce rythmique de la fête sur laquelle s'ouvre le rideau, symbole du statut actuel de Violetta : une femme frivole.

Le prélude s'ouvre sur une figure qui semble l'expression même de la fragilité et de la maladie. Elle est dominée par les violons divisés en plusieurs parties dans les aigus. Elle n'a pas de graves, pas de corps, elle semble déjà épuisée, à la limite de l'extinction. Puis, après une pause, le second thème, celui de l'amour s'épanouit. Il est serein et chaleureux, mais malheureusement brusquement coupé... dans son envolée. Il reprend, mais aux violoncelles, car au-dessus doit se superposer aux violons un nouveau thème, sautillant et léger : celui de la mondaine...

*« Ces sons si aigus, si tristes, si frêles,
comme sans corps, éthérés, malades de
mort imminente. Qui aurait pu penser
avant ce prélude, que la musique avait
le pouvoir de réaliser l'ambiance d'une
chambre toute close dans une aube
d'hiver, où l'on veille un malade ?
Ce silence ! Ce silence calme et lourd fait
de sons ! L'âme de la mourante liée au
corps par un infime film de souffle ! »*

Arrigo Boito.

Acte 1

Le rideau se lève sur le salon de Violetta, brillamment paré pour une fête splendide qui bat son plein. Comme déjà dans Rigoletto, les personnages apparaissent et nous sont présentés sur fond de musique de fête.

On apprend que le jeune Alfredo s'intéresse à la courtisane depuis un an et s'est inquiété de sa santé lorsqu'elle était malade. Il est invité à porter un toast avec elle.

Brindisi - "*Libiamo*"

Ce «toast » est sans doute le morceaux le plus populaire de *La Traviata*.

Alfredo improvise des vers parlant d'amour, comme il se doit, sur un rythme de valse.

Violetta répond sur le même air, mais en invitant quant à elle sur la fugacité de l'amour et la réalité éphémère du bonheur. Mieux vaut profiter d'une vie de plaisir. Ils reprennent l'air de manière de plus en plus entrainante, soutenus par le chœur joyeux des invités.

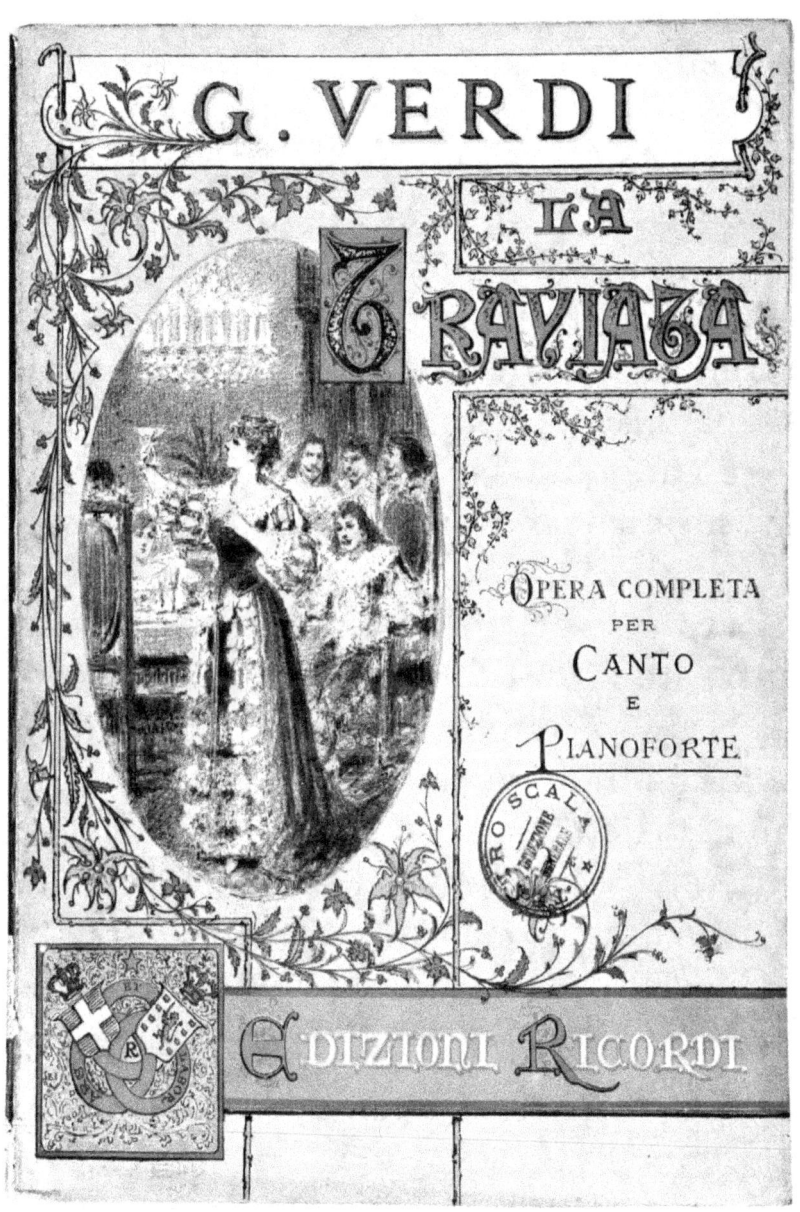

G. VERDI

LA TRAVIATA

OPERA COMPLETA
PER
CANTO
E
PIANOFORTE

EDIZIONI RICORDI

"*Un di felice, eterea*"

Alfredo parvient à se retrouver seul dans une pièce avec Violetta et lui fait une ardente déclaration d'amour. C'est d'abord la parole hésitante d'un jeune homme timide, puis la mélodie gagne en confiance et s'épanouit dans un beau chant d'amour, une des plus belles mélodies de la partition, que nous avons d'ailleurs déjà entendue dans le prélude. Ce sera le Motif musical associé à l'amour.

La réponse de Violetta se fait sur un tout autre ton. Elle ne veut pas s'engager dans un véritable amour et charge donc son chant de vocalises, fioritures, pour bien insister sur sa superficialité et sa légèreté. Mais la vocalise s'assouplit peu à peu au fur et à mesure qu'Alfredo répète sa déclaration et elle se met à l'unisson du ténor. Le coup a porté.

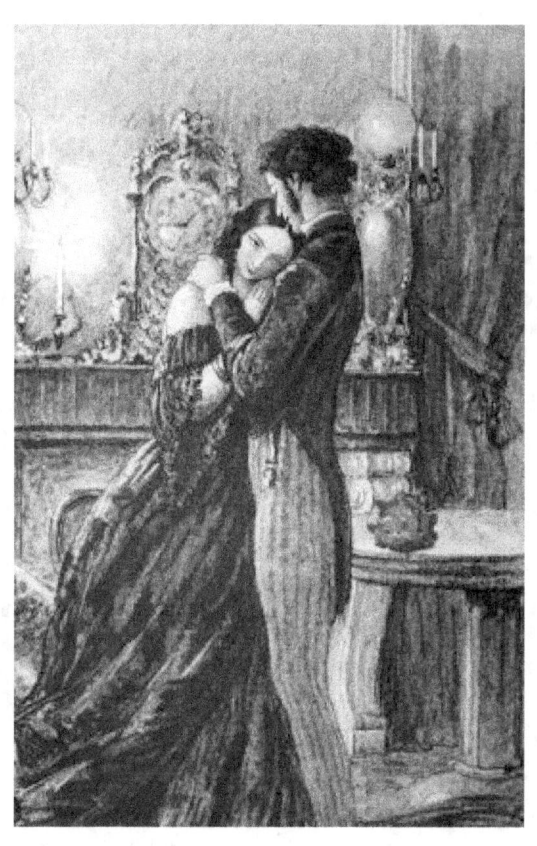

« A fors'è lui che l'anima
solinga ne' tumulti
godea sovente pingere »

« Ah, peut-être est-ce lui que mon âme,
solitaire au milieu des tumultes,
aimait souvent à peindre. »

« *A forse lui... Sempre libera* »

Violetta reste seule et son premier grand air, le plus virtuose, trahit son trouble.

La scène commence par un récitatif nerveux et inquiet, puis l'*aria* s'élève très simple et dépouillé. Elle se souvient de ses rêves de jeune fille. Serait-ce possible qu'il soit vraiment son prince charmant ? L'amour sincère est-il possible ?

Mais non, aucun amour sincère n'est possible pour elle. C'est ce qu'elle exprime dans le violent récitatif qui suit « *follie, follie* » où le texte « *gioire* » et «*vortici*» est illustré musicalement par des vocalistes éblouissantes et redoutables.

La scène s'achève, comme le veut la tradition, sur une caballette, la dernière partie, rapide et virtuose.

«*Sempre libera*», «*Toujours libre*»
Violetta feint de ne pas vouloir suivre la voix de l'amour, en tentant littéralement d'étouffer par son chant la voix d'Alfredo dont le chant d'amour résonne sous son balcon, à moins que ne ce soit au fond de son âme.

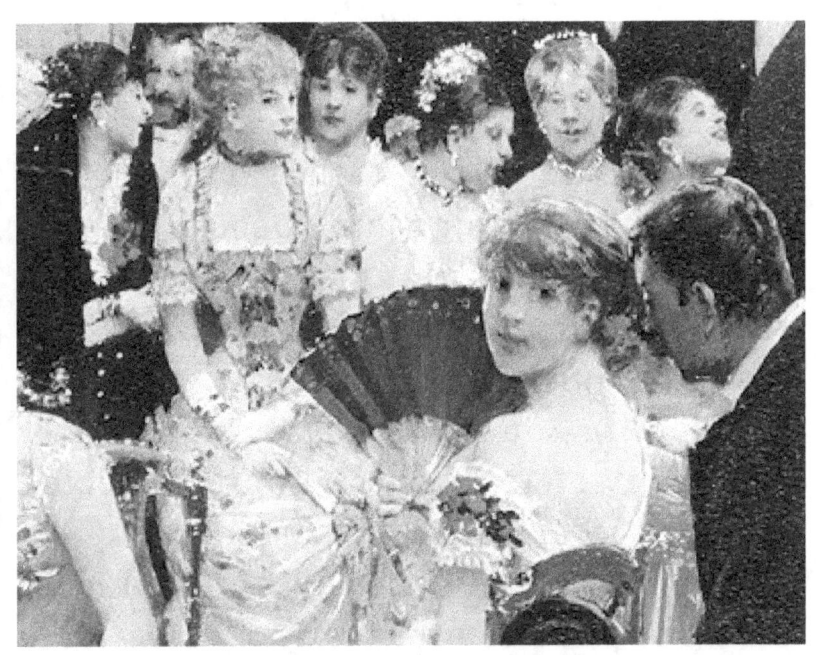

Follie ! … Follie ! … delirio vano è questo ! …
Povera donna, sola, abbandonata in questo
popoloso deserto che appellano Parigi,
Che spero or più ? Che far degg'io ! … Gioire !
Di voluttà nei vortici, di voluttà perir !…

Folies, Folies, ce n'est qu'un vain délire ! …
Pauvre femme, solitaire, abandonnée au milieu
de ce désert peuplé qu'on appelle Paris…
Que puis-je donc espérer ? Que faire ? … Jouir !
Dans les tourbillons de la volupté, périr de volupté !

Acte 2

Violetta a finalement cédé et s'est installée avec Alfredo à la campagne. Le jeune homme vit dans une béatitude qu'il explime dans un grand air de structure très classique, «*De miei bollenti spiriti*» avant d'apprendre qu'en fait, Violetta doit vendre tous ses biens pour assurer leur train de vie. Mort de honte, il décide de partir à Paris pour arranger cela. C'est ce moment que choisit son père, Giorgio Germont pour rendre visite à Violetta.

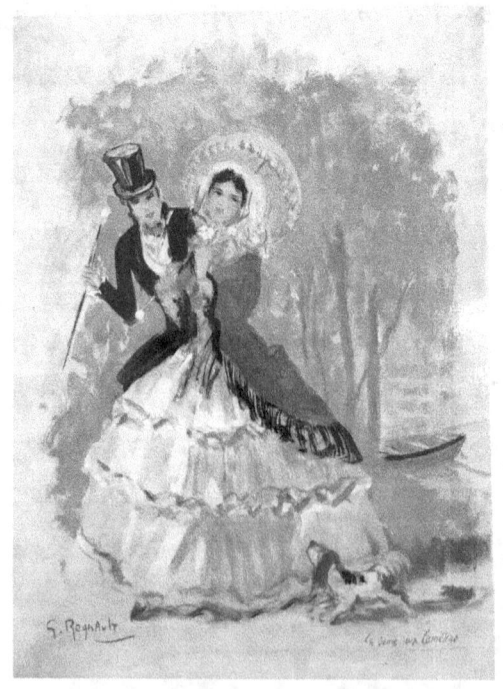

Duo Violetta – Germont

Ce grand duo est le centre de gravité de tout l'opéra. Germont annonce d'emblée ce qu'il est venu chercher sans s'embarasser de préliminaires, il est la voix de la morale et est sûr de sa légitimité : la sœur d'Alfredo (qui elle, est *«pura siccome un angelo»*), ne pourra pas se marier si son frère persiste dans sa vie de frivolité. Violetta doit «lâcher» Alfredo.

Bouleversée, elle panique et l'orchestre s'emballe : doit-elle abandonner l'amour alors qu'il ne lui reste de toute façon que peu de temps à vivre ?

Mais Germont reste calme et inflexible. *«Un dì quando le veneri»* Cruel, il trouve l'argument qui fait mouche : l'homme est volage, et elle vieillira... Le rythme est répétitif et implacable, le ton plein de lourdes vocalises et ornementations. Les mots tombent comme des couperets.

Violetta réalise alors à quel point ses espoirs de rédemption étaient vains, sur un superbe thème musical découlant de celui de l'amour. Elle cède.

Cosi alla misera, ch'è un di caduta,
Di piu risorgere speranza è muta !…
Se pur benefico le indulga iddio,
l'uomo implacabil per lei sarà.

Ainsi pour la malheureuse
qui est un jour tombée,
L'espoir de renaître est refusé ! …
Si même Dieu lui prête son aide,
L'homme est implacable pour elle.

Son écriture vocale ira désormais vers un dépouillement croissant : plus de vocalises mais une ligne de chant épurée. « **Dite alla giovine, si bella e pura** » est une belle mélodie simple et intériorisée, d'une douleur concentrée et d'une rare force émotionnelle.

Même Germont a l'air ému et essaye maladroitement de la réconforter «*piangi, o misera*», pleure malheureuse, sur un motif illustrant des sanglots.

Le traumatisme va s'achever sur un chant solennel et funèbre : «*Morrò !*»: il ne lui reste plus qu'à mourir.

Violetta écrit une lettre de rupture à Alfredo mais il revient avant qu'elle soit partie. Dans un grand élan d'amour, elle lui fait alors une déclaration bouleversante avant de s'enfuir, le laissant perplexe.

Le père réapparait au moment où Alfredo lit la lettre… A son fils anéanti, il chante un grand air moralisateur, « *Di provenza il mar, il sol* », l'incitant à rentrer dans le giron familial. L'air, même s'il est très beau, sonne comme une caricature, et n'impressionne pas beaucoup son fils qui, fou de rage, pense que Violetta a simplement voulu reprendre sa vie de courtisane, et jure de se venger.

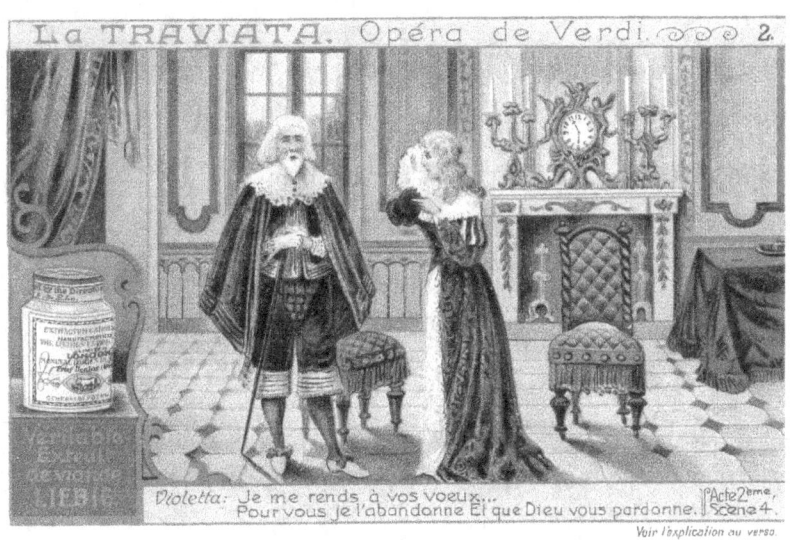

La TRAVIATA. Opéra de Verdi. 2.

Violetta: Je me rends à vos vœux…
Pour vous je l'abandonne Et que Dieu vous pardonne.

1er Acte 2ème, Scène 4.

Voir l'explication au verso.

Final de l'Acte II

La seconde partie de l'acte se situe chez Flora, une amie qui a organisé une grande fête. Violetta est présente aux bras d'un de ses amants, le baron Douphol.

La scène commence par des divertissements, des chœurs qui annoncent le drame imminent : Les «gitanes» *«Noi siamo zigarelle»* lisent l'avenir (est-il donc déjà écrit d'avance?... après tout, il nous était déjà annoncé dans le prélude). Puis on raconte une corrida, *«Di Madride noi siamo mattadori»*, une allusion à une créature sacrifiée dans l'arène...

«Ogni suo aver tal femmina»

A partir de l'arrivée d'Alfredo, tout le final est centré sur une accumulation de tensions. Il a perdu tout contrôle. Il est plein d'une rage froide, d'une colère qu'il ne parvient finalement pas à réfréner. Dans un grand geste théâtral et vulgaire, il jette de l'argent à Violetta, la traitant donc symboliquement de prostituée. Les invités sont horrifiés et même Germont (contre toute vraisemblance), apparait pour faire la morale à son fils.

L'action se fige alors dans un superbe ensemble sur rythme de valse qui emporte solistes et choristes. L'acte se clôt sur le sentiment de honte et de confusion d'Alfredo et le pathétique sublime et maîtrisé de Violetta.

> *Alfredo, Alfredo, di questo cor,*
> *non puoi compredere tutto l'amore.*
> *Tu non conosci che fino a prezzo*
> *del tuo disprezzo, provato io l'ho.*

> *Alfredo, tu ne peux pas comprendre tout*
> *l'amour de ce coeur.*
> *Tu ne sais pas qu'au prix même*
> *de ton mépris, je l'ai prouvé.*

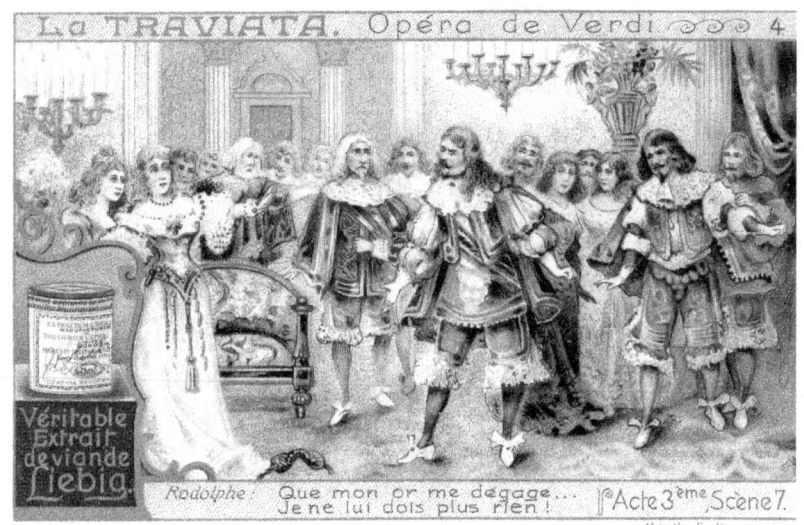

La TRAVIATA. Opéra de Verdi 4

Rodolphe : Que mon or me dégage... Je ne lui dois plus rien ! I°Acte 3ème Scène 7.

Voir l'explication au verso.

Acte 3

On retrouve au début de l'acte III, le thème du prélude, avec ses violons éthérés dans les aigus. Violetta est seule et malade dans son appartement vide.

Nous sommes le dernier jour du Carnaval. A sa fenêtre, la foule en liesse chante les louanges du bœuf gras, créant un terrible contraste avec la tristesse et la déchéance de Violetta.

Air de la lettre - « Addio del passato »

Violetta relit une lettre de Giorgio Germont lui annonçant le retour d'Alfredo. Elle lit à haute voix pendant que l'orchestre murmure le thème de l'amour.

Puis, elle entonne son dernier grand air, d'une grande pureté de facture et de ligne, soulignée par un émouvant et fragile hautbois. La voix s'élève avec un large crescendo sur la phrase : «*della traviata sorridi al desio*» où le mot est utilisé pour la première et dernière fois, puis la voix disparait sur un aigu mourant.

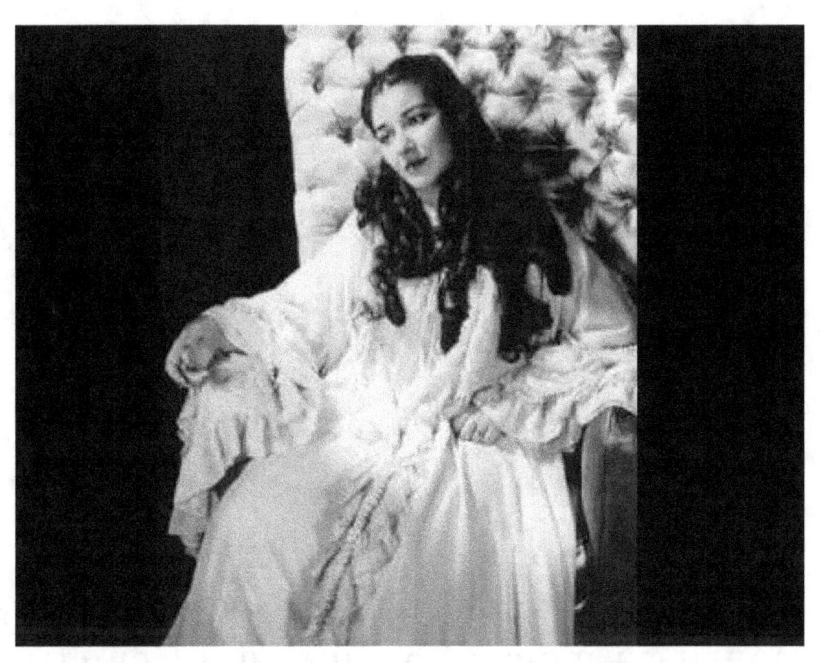

Addio del passato bei sogni ridenti
Le rose del volto gia sona pallenti
Adieux beaux rêves souriants du passé,
Les roses de mon visage ont déjà pâli.

Ah della traviata sorridi al desio,
A lei , deh, perdona, tu accoglila, o Dio !
Or, tutto, tutto finì...
Ah, souris au désir de la dévoyée,
Ah, pardonne-lui, accueille-la, mon Dieu !
Maintenant, tout est fini !

« *Parigi, o cara* »

En apprenant l'arrivée d'Alfredo, Violetta va essayer une ultime fois de s'arracher à la mort. Elle se jette dans ses bras et ils rêvent un instant, d'un avenir meilleur, loin de Paris dans un duo d'autant plus bouleversant que la mélodie en est très simple, sur un rythme de valse.

Final

Mais il est trop tard... Violetta a un dernier élan de révolte en comprenant qu'elle va mourir au moment où elle aurait pu être heureuse «*Gran Dio, morir sì giovine*». «*Grand Dieu, mourir si jeune*», «*mourir au moment même où je séchais mes larmes*». Les regrets tardifs de Germont, également de retour, n'auront que peu n'importance.

« *Prendi, quest'è l'immagine* »

La dernière scène est marquée par le contraste entre les élans désespérés des Germont, et la douceur et la fragilité de la voix de celle qui va mourir, et qui, à cet instant, aspire à devenir l'ange tutélaire d'Alfredo et de la jeune fille pure qu'il épousera.

De lents accords rythmés dans les graves donnent une solennité funèbre et implacable à la scène.

Puis la musique s'éclaire sur le thème de l'amour chanté doucement par un violon solo, sur lequel s'élève la voix parlée de Violetta qui croit encore à une ultime rémission avant de s'écrouler, morte.

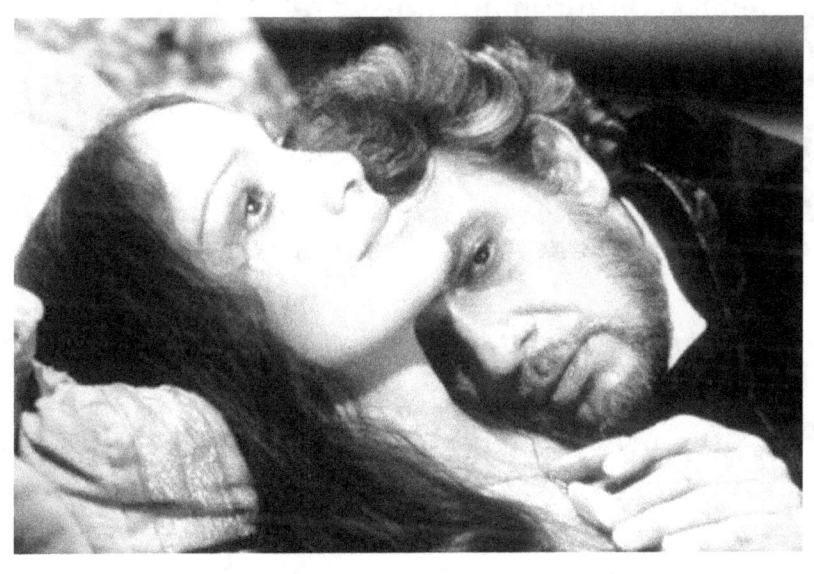

Retrouvez également des illustations musicales et vidéos sur :
www.levoyagelyrique.com

À venir dans la même collection :

1. La naissance de l'Opéra - C. Monteverdi - *Orfeo*

2. L'art des castrats et l'*opera seria* - G.F. Haendel
Jules César

3. W.A. Mozart et l'opéra - *Les Noces de Figaro*

4. G.Rossini et l'*opera bouffa*
Le Barbier de Séville

5. Le *bel canto* romantique - G. Donizetti
Lucia di Lammermoor

6. Giuseppe Verdi - *La Traviata*

7. Richard Wagner - *Tristan und Isolde*

8. L' opéra français - Georges Bizet - *Carmen*

9. L' opéra russe - P.I. Tchaikovski
Eugène Onéguine

10. Claude Debussy - *Pélléas et Mélisande*

11. Giacomo Puccini - *Tosca*

12. Richard Strauss - *Le Chevalier à la Rose*

Bibliographie

P. Favre-Tissot-Bonvoisin, *Giuseppe Verdi*,
Bleu Nuit éditeur, Horizons
Bertrand Dermoncourt, *Tout Verdi*,
Robert Laffont, Bouquins
Chantal Cazaux, *L'Avant-Scène Opéra : Giuseppe Verdi*
Michel Orcel, *Verdi, La Vie, le mélodrame*, Grasset
Avant-Scène opéra, *La Traviata*
Charles Osborne, *Verdi* (en anglais)

Discographie

Audio
Callas, Di Stefano, Bastianini, dir. C.M. Giulini, EMI
(1955)
Cotrubas, Domingo, Milnes, dir. C. Kleiber, DG
Cabbalé, Bergonzi, Milnes, dir. G. Prêtre, RCA

Vidéo
Film de F. Zeffirelli, Stratas, Domingo, MacNeil,
dir. J. Levine.
Festival de Salzbourg, mes C. Guth, Netrebko, Villazon,
Hampson, dir. C. Rizzi
Covent Garden, Gheorghiu, Lopardo, Nucci,
dir. Sir G. Solti

Retrouvez également des extraits vidéos, des quizz, ainsi
que tous les ouvrages et les conférences vidéos de Julia
Le Brun sur :

www.levoyagelyrique.com